Los guerreros de terracota al descubierto

Secretos y misterios de los antiguos guerreros de China

Peter Garrett

Tabla de contenido

Introducción

Introducción al ejército de terracota

Imagínese toparse con un mundo oculto, uno que ha estado oculto durante más de dos milenios, con sus secretos enterrados bajo capas de tierra y tiempo. Esto es precisamente lo que ocurrió en la primavera de 1974, cuando un grupo de agricultores de la provincia china de Shaanxi descubrió uno de los descubrimientos arqueológicos más sorprendentes del siglo XX: el Ejército de Terracota. Estas figuras de tamaño natural, cada una cuidadosamente elaborada con rasgos y expresiones faciales únicas, fueron creadas para acompañar al primer emperador de China, Qin Shi Huang, al más allá. Hoy en día, el Ejército de Terracota no sólo es un testimonio de la antigua artesanía china, sino también una ventana a una era pasada de poder militar y ambición imperial.

Breve descripción del descubrimiento

El descubrimiento del Ejército de Terracota fue una casualidad. Mientras cavaban un pozo, los agricultores desenterraron fragmentos de figuras de terracota. Este hallazgo inesperado dio lugar a una serie de excavaciones que revelaron miles de guerreros, caballos y carros dispuestos en formación de batalla. Estas figuras formaban parte de una vasta necrópolis construida para el emperador Qin Shi Huang, quien unificó China e inició la construcción de la Gran Muralla. El sitio abarca unos impresionantes 56 kilómetros cuadrados y abarca no sólo el ejército sino también muchos otros artefactos y estructuras, muchos de los cuales permanecen inexplorados hasta el día de hoy.

Importancia histórica

El Ejército de Terracota ofrece una visión incomparable del panorama militar, cultural y político de la antigua China. Refleja la grandeza y el poder de la dinastía Qin, mostrando la búsqueda del emperador de la vida eterna y su deseo de mantener su soberanía incluso en la muerte. La complejidad y escala del Ejército de Terracota resaltan las tecnologías avanzadas y las habilidades organizativas de la era Qin, sentando un precedente para las dinastías posteriores. Además, esta maravilla arqueológica proporciona información invaluable sobre la vida cotidiana, las creencias y los logros artísticos de la gente de esa época, lo que la convierte en un recurso crucial para historiadores y académicos.

Propósito del libro

"El ejército de terracota al descubierto: secretos y misterios de los antiguos guerreros de China" pretende profundizar en este fascinante descubrimiento, desentrañando los enigmas que lo rodean. Este libro está diseñado para ser educativo y atractivo, y ofrece a los lectores una exploración integral de la historia, la construcción y la importancia del Ejército de Terracota. Al examinar el contexto en el que se crearon estos guerreros, el libro busca iluminar el marco cultural e histórico más amplio de la dinastía Qin. Además, explorará los diversos misterios que aún desconciertan a arqueólogos e historiadores, desde las técnicas utilizadas para elaborar las figuras hasta el propósito del extenso diseño del mausoleo.

Capítulo 1: El Descubrimiento

Fondo

La historia del descubrimiento del Ejército de Terracota es una cautivadora mezcla de azar y curiosidad histórica. En marzo de 1974, en la tranquila aldea de Xiyang, cerca de la ciudad de Xi'an, en la provincia de Shaanxi, un grupo de agricultores estaba cavando un pozo. El agua era escasa en esta región árida y los redactores esperaban encontrar una nueva fuente para sus cultivos. Lo que no sabían era que su búsqueda desenterrar uno de los mayores tesoros arqueológicos de todos los tiempos, revelando un capítulo oculto de la historia antigua de China.

Descubrimiento inicial por agricultores locales en 1974

A medida que los agricultores excavaban más profundamente en la tierra seca, comenzaron a encontrar fragmentos de arcilla cocida. Inicialmente desconcertados, continuaron excavando y finalmente revelaron la forma inconfundible de una figura de terracota. El hallazgo fue a la vez emocionante y desconcertante. Los agricultores, desconociendo la magnitud de su hallazgo, alertaron a las autoridades locales. Esto desencadenó una serie de acontecimientos que llevarían a la revelación del vasto ejército clandestino creado para proteger al primer emperador de China, Qin Shi Huang, en su otra vida.

Respuesta Arqueológica y Excavaciones Posteriores

El gobierno local reconoció rápidamente la importancia potencial del hallazgo y llamó a arqueólogos de la Oficina Provincial de Reliquias Culturales de Shaanxi. Al llegar, los arqueólogos quedaron atónitos. Los fragmentos fueron sólo el comienzo; A medida que excavaban más, descubrieron más y más figuras, cada una de ellas única en su detalle y artesanía.

Al darse cuenta de la importancia del sitio, se inició una excavación a gran escala. Este esfuerzo reveló tres fosos principales, que contenían miles de guerreros, caballos y carros de terracota de tamaño natural dispuestos en formaciones militares precisas. El sitio era parte de una enorme necrópolis diseñada para acompañar a Qin Shi Huang, reflejando el poder y la ambición del emperador. El descubrimiento no fue sólo un acontecimiento local sino una sensación internacional que atrajo la atención de historiadores, arqueólogos y el público en general de todo el mundo.

Primeras impresiones

Las impresiones iniciales del Ejército de Terracota fueron una mezcla de asombro e intriga. La magnitud del hallazgo fue asombrosa. Cada guerrero medía alrededor de seis pies de altura, con detalles intrincados que les daban personalidades individuales. La variedad entre las figuras (soldados de infantería, arqueros, soldados de caballería y aurigas) demostraba una comprensión sofisticada de la organización militar.

Primeras interpretaciones y teorías

Las primeras interpretaciones del Ejército de Terracota se centraron en su papel como fuerza guardiana del emperador en el más allá. Esto se alineaba con las antiguas creencias chinas sobre la otra vida y la necesidad de protección y servicio más allá de la muerte. Algunos eruditos teorizan que las figuras representaban soldados reales del ejército de Qin Shi Huang, meticulosamente recreados en terracota. Otros sugirieron que la diversidad de rasgos y expresiones faciales podría reflejar la naturaleza multicultural del Imperio Qin, incorporando artesanos y soldados de diversas regiones.

Surgió otra teoría convincente sobre la destreza tecnológica y logística necesaria para crear un ejército tan extenso y detallado. La construcción del Ejército de Terracota probablemente involucró a miles de trabajadores, incluidos artesanos, trabajadores y asesores militares, que trabajaron bajo estrictas directivas imperiales. El nivel de organización y asignación de recursos destacó las capacidades administrativas del emperador y el control centralizado del estado Qin.

Impacto en la comunidad arqueológica

El descubrimiento del Ejército de Terracota tuvo un profundo impacto en la comunidad arqueológica. Desafió las percepciones existentes sobre la historia antigua china y mostró el avanzado estado de la artesanía y la ingeniería de la dinastía Qin. El hallazgo estimuló un renovado interés en la arqueología y la historia chinas, lo que impulsó más investigaciones sobre otros sitios y artefactos históricos de la época.

El Ejército de Terracota también se convirtió en un símbolo del rico patrimonio cultural de China, atrayendo a académicos y turistas de todo el mundo. El sitio en sí se transformó en un importante museo arqueológico, preservando y exhibiendo a los guerreros para las generaciones futuras. Esto permitió continuar con los esfuerzos de investigación y conservación, asegurando que los secretos del Ejército de

Terracota sigan siendo explorados y comprendidos.

El descubrimiento del Ejército de Terracota fue un momento histórico en la arqueología, ya que reveló no sólo un tesoro enterrado sino también una gran cantidad de información sobre los logros militares, culturales y tecnológicos de la antigua China.

Capítulo 2: El contexto histórico

Descripción general de la dinastía Qin

Para apreciar plenamente el Ejército de Terracota, es fundamental comprender el contexto histórico en el que fue creado. La dinastía Qin, aunque de corta duración, fue un período de importante transformación y consolidación en la historia china. La dinastía Qin, que abarca del 221 al 206 a. C., marcó el final del período de los Estados Combatientes y el comienzo de la China imperial. Esta era fue definida por su primer emperador, Qin Shi Huang, cuya ambición y visión unificaron a China y sentaron las bases de un estado centralizado que perdurará durante milenios.

Ascenso de Qin Shi Huang

Nacido como Ying Zheng en 259 a. C., Qin Shi Huang ascendió al trono del estado de Qin a la tierna edad de 13 años, tras la muerte de su padre, el rey Zhuangxiang. Durante su primer reinado, el reino fue gobernado por un regente, pero a medida que Ying Zheng maduró, tomó el control y demostró ser un líder formidable y estratégico. Mediante una combinación de destreza militar, diplomacia y eficiencia despiadada, derrotó sistemáticamente a los otros seis estados en guerra (Han, Zhao, Wei, Chu, Yan y Qi), culminando con la unificación de China en 221 a. Tras su victoria, se declaró Qin Shi Huang, es decir, el Primer Emperador, lo que significa el comienzo de una nueva época en la historia china.

Unificación de China

La unificación de China por parte de Qin Shi Huang no fue simplemente una conquista política sino una consolidación transformadora del poder. Implementó reformas radicales para estandarizar varios aspectos de la sociedad china, incluido el código legal, la moneda, los pesos y medidas, e incluso la escritura. Estas reformas facilitaron el comercio, la comunicación y la gobernanza en todo el vasto imperio, fomentando un sentido de unidad e identidad entre regiones antes dispares.

Además, Qin Shi Huang emprendió enormes proyectos de infraestructura, siendo el más famoso la construcción de la Gran Muralla, diseñada para proteger las fronteras del norte de las invasiones nómadas. Su régimen también construyó una extensa red de carreteras y canales, mejorando el transporte y la integración económica en todo el imperio. Sin embargo, estos ambiciosos proyectos tuvieron un costo humano significativo, con innumerables trabajadores reclutados para trabajar en duras condiciones.

Logros políticos y culturales

Los logros políticos de la dinastía Qin fueron monumentales. El establecimiento de un sistema burocrático centralizado, con el emperador en su cúspide, reemplazó la estructura federalista del período de los Estados Combatientes. Este sistema se basaba en nombramientos basados en el mérito y en estrictos principios legalistas, enfatizando la ley y el orden por encima de todo. Si bien estas medidas ayudaron a mantener la estabilidad y el control, también provocaron un resentimiento generalizado debido a su dureza.

Culturalmente, la dinastía Qin fomenta avances en el arte, la arquitectura y la filosofía, aunque esta última a menudo estaba bajo la estricta censura. El régimen de Qin Shi Huang reprimió la disidencia quemando libros y persiguiendo a los académicos que se oponían a la ideología estatal. A pesar de estas medidas represivas, el período vio avances significativos en la metalurgia, la cerámica y las bellas artes, como lo demuestra la extraordinaria artesanía del Ejército de Terracota.

Las prácticas funerarias

Las antiguas costumbres funerarias chinas estaban profundamente arraigadas en la creencia de que la vida continuaba después de la muerte y que el difunto requería las mismas provisiones y protección en el más allá que en vida. Este concepto era particularmente pronunciado entre la nobleza, que construía elaboradas tumbas llenas de bienes, tesoros e incluso víctimas de sacrificios para servirles en el otro mundo. La escala y complejidad de estos entierros variaba según el estatus social y la riqueza del individuo.

Costumbres funerarias chinas antiguas

La construcción del mausoleo de Qin Shi Huang, que comenzó poco después de convertirse en rey, refleja estas antiguas prácticas llevadas a un nivel sin precedentes. Según los registros históricos, más de 700.000 trabajadores fueron reclutados para construir la vasta necrópolis, que incluía no solo al Ejército de Terracota sino también un palacio subterráneo completo con ríos de mercurio, que representaban la visión del emperador de su dominio eterno.

El concepto de la vida futura en la cultura china era multifacético y combinaba elementos del culto a los antepasados, la búsqueda taoísta de la inmortalidad y los ideales confucianos de piedad filial. Se creía que los antepasados poseían el poder de influir en la suerte de sus descendientes, lo que requería veneración y ofrendas continuas. Este sistema de creencias subrayó la construcción de grandes tumbas y la inclusión de elementos destinados a brindar comodidad y estatus en la otra vida.

El concepto de la otra vida en la cultura china

La obsesión de Qin Shi Huang por la inmortalidad estaba bien documentada. Buscó elixires de vida y consultó a magos y alquimistas con la esperanza de evadir la muerte. Su mausoleo, con su ejército de terracota y su elaborado diseño, puede verse como la máxima expresión de esta búsqueda. El deseo del emperador de proteger y mantener su poder incluso en la muerte llevó a la creación de una tumba que no era simplemente un lugar de descanso final sino un microcosmos fortificado de su imperio.

El Ejército de Terracota, como guardianes de la tumba, ejemplifica esta profunda creencia en la continuidad del más allá y la necesidad de protección contra las amenazas espirituales.

Cada guerrero, meticulosamente diseñado y armado, estaba destinado a servir y defender al emperador en su viaje eterno, asegurando que su reinado continuará sin oposición más allá del reino de los mortales.

El contexto histórico de la dinastía Qin y la vida de Qin Shi Huang proporcionan información crucial sobre la creación del Ejército de Terracota. Comprender el entorno político, cultural y espiritual de la época nos permite apreciar la importancia y la grandeza de este extraordinario hallazgo arqueológico.

Capítulo 3: La construcción del ejército

Diseño y Planificación

La creación del Ejército de Terracota fue una tarea monumental que requirió un diseño y una planificación meticulosos. Este gran proyecto comenzó tan pronto como Qin Shi Huang ascendió al trono, reflejando su obsesión por la inmortalidad y el más allá. El complejo del mausoleo del emperador, ubicado cerca de la actual Xi'an, fue diseñado para ser un microcosmos de su imperio, con palacios, oficinas, establos y el ejército que lo protegería en el otro mundo.

El diseño arquitectónico del mausoleo es extenso e intrincado. El túmulo central de la tumba, donde se cree que está enterrado el emperador, está rodeado por una vasta necrópolis que cubre aproximadamente 56 kilómetros cuadrados. El Ejército de Terracota está situado al este de la tumba central, dispuesto en tres fosos principales. Estos fosos contienen figuras de tamaño natural de soldados, carros y caballos, todos estratégicamente ubicados para proteger el lugar de descanso eterno del emperador.

Disposición arquitectónica del mausoleo

El pozo 1, el más grande de los tres, mide unos 230 metros de largo y 62 metros de ancho. Alberga el cuerpo principal del ejército, dispuesto en una formación rectangular con columnas de soldados de infantería en posición de firmes. El foso 2, un poco más pequeño, contiene una mezcla de caballería, infantería, arqueros y carros, lo que sugiere una fuerza más dinámica y versátil. El pozo 3, el más pequeño, parece ser el centro de mando, que alberga a oficiales de alto rango y un carro, que posiblemente represente el puesto de mando del ejército.

El diseño y la organización precisos del Ejército de Terracota reflejan un alto nivel de estrategia militar y control administrativo, reflejando la estructura real de las fuerzas de la vida real de

Qin Shi Huang. Este elaborado diseño requirió una cuidadosa coordinación y planificación, en la que participaron numerosos especialistas y artesanos.

Papel de los artesanos y la fuerza laboral

La construcción del Ejército de Terracota movilizó una enorme fuerza laboral. Los registros históricos estiman que más de 700.000 trabajadores, incluidos artesanos, jornaleros y soldados, fueron reclutados para trabajar en el complejo del mausoleo. Los artesanos que elaboraron las figuras probablemente provenían de varias regiones del Imperio Qing, lo que aportó diversas habilidades y técnicas al proyecto.

Estos artesanos fueron responsables de las características detalladas e individualizadas de cada figura. Los guerreros fueron creados utilizando una combinación de técnicas de línea de montaje y arte individual. Las cabezas, brazos, piernas y torsos se produjeron por separado, luego se ensamblaron y detallaron para crear soldados únicos y realistas. Este método permitió la eficiencia y al mismo tiempo garantizó que no hubiera dos figuras exactamente iguales, lo que aumentaba el realismo y la grandeza del ejército.

Materiales y Técnicas

El material principal utilizado en la construcción del Ejército de Terracota fue un tipo de arcilla local, abundante en la región alrededor de Xi'an. Esta arcilla fue cuidadosamente seleccionada por su maleabilidad y durabilidad, asegurando que las figuras resistirán la prueba del tiempo.

Tipos de arcilla y otros materiales utilizados

La arcilla se mezcló con agua y otros materiales para lograr la consistencia deseada. Los artesanos utilizaron moldes de madera para dar forma a las formas básicas de las figuras, que luego fueron refinadas y detalladas a mano. Las figuras ensambladas se dejaron secar al aire antes de cocerlas en hornos a altas temperaturas, un proceso que endurece la arcilla y preservó los intrincados detalles.

Además de arcilla, las figuras fueron pintadas originalmente con pigmentos brillantes, lo que les daba una apariencia realista. Se han encontrado rastros de rojo, verde, azul y otros colores en las figuras, aunque gran parte de la pintura se ha desvanecido o descascarado con el tiempo debido a la exposición al aire y la humedad.

Métodos y herramientas de construcción.

La construcción del Ejército de Terracota requirió una variedad de herramientas y técnicas. Se utilizaron moldes de madera, herramientas de tallado y pinceles para dar forma y detallar las figuras. Los artesanos emplearon una combinación de métodos artesanales y de línea de ensamblaje, lo que permitió tanto la eficiencia como la individualización. Una vez ensambladas, las figuras se colocan en hornos para cocerlas, un proceso que requería un cuidadoso control de la temperatura y el tiempo para garantizar que la arcilla se endureciera correctamente.

Luego, las figuras fueron pintadas con una capa de laca, seguida de pigmentos para agregar colores realistas a sus uniformes, armaduras y rasgos faciales. El montaje final implicó colocar las figuras en los fosos según las formaciones militares planificadas previamente, una tarea que requirió una organización y coordinación precisa.

Los guerreros y su equipo

El Ejército de Terracota consta de varios tipos diferentes de figuras, cada una de las cuales representa diversos roles dentro de la jerarquía militar. Las figuras más comunes son soldados de infantería, que están preparados para la batalla en filas. Estas figuras están representadas con peinados, rasgos faciales y uniformes distintos, lo que refleja la diversidad de las fuerzas de Qin Shi Huang.

Descripción detallada de diferentes tipos de figuras (soldados, caballos, carros)

1. **Soldados de infantería:** Las figuras de infantería están representadas con túnicas, armaduras y tocados distintivos. Por lo general, se muestran de pie, y algunos sostienen armas como lanzas, espadas o

ballestas. El nivel de detalle en sus expresiones faciales y uniformes sugiere que pueden haber sido modelados a partir de soldados reales.

2. **Arqueros:** Están presentes figuras de arqueros arrodillados y de pie, representados con sus arcos y flechas. Los arqueros arrodillados se muestran en posición listos para disparar, mientras que los arqueros de pie parecen preparados para entablar batalla.

3. **Soldados de caballería:** Las figuras de caballería se muestran junto a caballos de terracota de tamaño natural. Los soldados de caballería visten abrigos largos y cascos, lo que indica su estatus superior. Los caballos están meticulosamente elaborados y exhiben bridas, sillas de montar y otros equipos, lo que enfatiza su importancia en el ejército de Qin.

4. **Aurigas:** Las figuras de carros incluyen conductores y guerreros que viajaban en carros durante las batallas. Estas figuras están representadas sosteniendo riendas y

armas, de pie en carros tirados por cuatro caballos. Los propios carros estaban construidos con madera, con componentes de terracota, y estaban colocados para transmitir movimiento y preparación para el combate.

Armas y armaduras encontradas con las figuras.

El Ejército de Terracota estaba equipado con una amplia gama de armas, muchas de las cuales se han conservado notablemente bien. El arsenal incluye espadas, lanzas, ballestas y puntas de flecha de bronce, lo que refleja la metalurgia avanzada del período Qin. Las armas fueron diseñadas para ofrecer durabilidad y eficiencia, y a menudo presentaban técnicas de fabricación sofisticadas, como el cromado para evitar la oxidación.

Además de las armas, las figuras estaban adornadas con varios tipos de armaduras. Los soldados de infantería vestían túnicas y placas de armadura, mientras que los oficiales de mayor rango llevaban equipo de protección más elaborado. La detallada artesanía de la armadura, incluida la representación de escamas y remaches, resalta la importancia del realismo y la atención de los artesanos al detalle.

La construcción del Ejército de Terracota fue un esfuerzo colosal que combinó una planificación meticulosa, materiales y técnicas avanzadas y el trabajo de miles de artesanos y trabajadores calificados. La diversidad y complejidad de las figuras, junto con sus armas y armaduras realistas, subrayan la importancia de este extraordinario hallazgo arqueológico.

Capítulo 4: Los guerreros develados

Tipos de guerreros

El Ejército de Terracota es una fuerza diversa y meticulosamente diseñada, que representa varios rangos y roles dentro del formidable ejército de Qin Shi Huang. Cada tipo de guerrero (infantería, arqueros, caballería y aurigas) refleja la estructura y estrategia de la antigua guerra china.

Infantería

Los soldados de infantería forman la columna vertebral del Ejército de Terracota y constituyen el grupo más grande entre las figuras. Se los representa de pie en filas, listos para la batalla. Estos soldados van vestidos con túnicas y chalecos blindados, equipados con armas como lanzas, espadas y dagas. Las figuras de infantería muestran una variedad de rangos, desde soldados de infantería hasta oficiales de alto rango, que se distinguen por sus armaduras y tocados.

Arqueros

Los arqueros del Ejército de Terracota están representados en dos posturas distintas: arrodillados y de pie. Los arqueros arrodillados se colocan con una rodilla en el suelo y los brazos extendidos como si apuntan con sus arcos. Los arqueros de pie se muestran en una postura preparatoria, listos para atacar. La detallada artesanía de los arqueros, incluida su ropa y armas, refleja su papel crucial en la guerra antigua, proporcionando capacidades tanto ofensivas como defensivas.

Caballería

Las figuras de caballería están representadas junto a caballos de terracota de tamaño natural, destacando la importancia de las unidades montadas en el ejército de Qin Shi Huang. Los soldados de caballería usan abrigos largos y cascos, lo que indica su mayor estatus y movilidad en el campo de batalla. Los caballos, intrincadamente esculpidos con bridas y sillas de montar, transmiten fuerza y disposición. Esta combinación de jinete y caballo enfatiza el papel de la caballería en asaltos rápidos y maniobras de flanqueo.

aurigas

Los aurigas representan un segmento sofisticado y de élite del Ejército de Terracota. Estas figuras se muestran de pie en carros tirados por cuatro caballos, con aurigas sosteniendo las riendas y guerreros empuñando armas. Los carros, construidos con componentes de madera y terracota, están diseñados para transmitir movimiento y potencia. Los aurigas fueron fundamentales en las batallas antiguas por su velocidad y capacidad para romper las líneas enemigas, lo que refleja la destreza táctica de las fuerzas de Qin Shi Huang.

Distinciones de rango y uniforme

Los guerreros de terracota se distinguen por sus rangos y uniformes, que proporcionan información sobre la jerarquía militar de la dinastía Qin. El rango de cada figura se puede inferir de su vestimenta, armadura y tocado.

Los soldados comunes visten túnicas y placas de armadura más simples, mientras que los oficiales y figuras de alto rango están adornados con equipo protector más elaborado. Los uniformes de los oficiales incluyen túnicas más largas, diseños de armaduras intrincados y tocados distintivos, como gorras y cascos, que indican su elevado estatus. La atención a las distinciones de rangos y uniformes resalta la naturaleza disciplinada y jerárquica del ejército de Qin.

Detalles artísticos

Los detalles artísticos de los Guerreros de Terracota son un testimonio de la habilidad y creatividad de los artesanos que los elaboraron. Cada figura es única, con rasgos faciales y expresiones individualizadas, mostrando un notable nivel de realismo y atención al detalle.

Rasgos faciales e individualismo

Los rostros de los Guerreros de Terracota son uno de sus aspectos más cautivadores. No hay dos figuras con los mismos rasgos faciales, lo que sugiere que los artesanos podrían haber basado sus diseños en soldados reales del ejército de Qin Shi Huang. La diversidad de estructuras faciales, expresiones e incluso edades, que van desde el vigor juvenil hasta la madurez, añade una cualidad realista a las figuras.

Este individualismo se extiende a las expresiones capturadas en los rostros de los guerreros, desde una determinación tranquila hasta una resolución feroz. Los detalles meticulosos de ojos, narices, bocas y orejas, junto con sutiles variaciones en los rasgos, confieren a cada figura una personalidad distinta.

Ropa y peinados

La vestimenta y los peinados de los guerreros enfatizan aún más su individualidad y rango. Los soldados de infantería se representan con túnicas cortas y armaduras, mientras que los oficiales de mayor rango visten túnicas más largas y armaduras más elaboradas. Los arqueros, los soldados de caballería y los aurigas tienen atuendos adecuados para sus funciones específicas.

Los peinados también varían significativamente entre las figuras. Algunos guerreros se muestran con el pelo atado en nudos, mientras que otros tienen elaborados estilos trenzados o tejidos. Estos detalles no sólo reflejan la moda de la época sino que también sirven para distinguir rangos y roles dentro del ejército. La atención de los artesanos a la ropa y los peinados proporciona una rica representación visual de las estructuras sociales y militares de la dinastía Qin.

Color y preservación

Originalmente, los guerreros de terracota estaban pintados de colores brillantes, lo que los acercaba aún más a la vida. Los colores vibrantes incluían rojos, verdes, azules y morados, utilizados para detallar la armadura, la ropa y los rostros de los guerreros. Esta pintura añadió otra capa de realismo y destacó el compromiso de los artesanos de crear figuras realistas.

Pintura Original

Los guerreros fueron cubiertos con una capa de laca antes de ser pintados con pigmentos a base de minerales. Esta placa proporciona una superficie lisa para la pintura y ayuda a preservar los colores. Los rasgos pintados de los guerreros incluían no sólo su ropa y armadura, sino también sus rasgos faciales, añadiendo profundidad y carácter a cada figura.

Estado actual de conservación

A lo largo de los siglos, gran parte de la pintura original se ha descascarado o descolorido debido a la exposición al aire y la humedad. Cuando los guerreros fueron excavados por primera vez, la exposición repentina al aire provocó que la laca y los pigmentos se deterioraran rápidamente. A pesar de estos desafíos, quedan rastros de los colores originales, lo que proporciona información valiosa sobre la apariencia de las figuras cuando se crearon por primera vez.

Se están realizando esfuerzos para preservar y restaurar los colores originales de los guerreros. Técnicas avanzadas, como la reconstrucción digital y el análisis químico, han ayudado a los investigadores a comprender la apariencia y composición originales de las pinturas. Los esfuerzos de preservación tienen como objetivo estabilizar los pigmentos restantes y evitar un mayor deterioro, asegurando que los Guerreros de Terracota sigan siendo apreciados en todo su contexto histórico y artístico.

La inauguración de los Guerreros de Terracota revela una notable combinación de precisión militar, excelencia artística y significado cultural. La diversidad de figuras, la artesanía detallada y los colores vibrantes originales reflejan la grandeza de la visión de Qin Shi Huang para su otra vida.

Capítulo 5: Misterios y Teorías

Preguntas sin respuesta

¿Por qué un complejo funerario tan extenso?

Una de las preguntas más desconcertantes es por qué Qin Shi Huang, el primer emperador de China, encargó un complejo funerario tan extenso y elaborado. La magnitud del mausoleo, que cubre un área de aproximadamente 56 kilómetros cuadrados, no tiene precedentes en la historia antigua. Sólo el Ejército de Terracota consta de miles de figuras de tamaño natural, cada una de ellas única y meticulosamente elaborada.

La explicación más aceptada es el deseo de Qin Shi Huang de demostrar su poder y autoridad incomparables, tanto en la vida como en la muerte. Al crear un mausoleo grandioso e imponente, buscó asegurar su legado y transmitir su dominio sobre su imperio. El Ejército de Terracota, en particular, tenía como objetivo protegerlo en el más allá, asegurando su reinado continuó en el reino espiritual.

Otra teoría postula que el extenso complejo funerario refleja el profundo miedo a la muerte de Qin Shi Huang y su búsqueda de la inmortalidad. La obsesión del emperador por la otra vida y sus esfuerzos por alcanzar la vida eterna están bien documentadas. El mausoleo, con su amplia gama de figuras y tesoros, puede haber sido diseñado para replicar su imperio terrenal, brindándole la misma protección y comodidades que disfrutó en vida.

La fuerza laboral y el cronograma para la construcción

La construcción del Ejército de Terracota y todo el complejo del mausoleo requirió una inmensa mano de obra. Los registros históricos sugieren que más de 700.000 trabajadores fueron reclutados para construir el mausoleo, incluidos artesanos, trabajadores y soldados. La escala y complejidad del proyecto habrían requerido una coordinación precisa y amplios recursos.

El cronograma para la construcción del Ejército de Terracota sigue siendo un tema de debate. Qin Shi Huang ascendió al trono a la edad de 13 años y poco después comenzaron las obras en su mausoleo. La construcción continuó durante su reinado, que abarcó casi cuatro décadas. A pesar de este período prolongado, la duración exacta necesaria para completar el Ejército de Terracota sigue siendo incierta.

Estudios recientes sugieren que las figuras se produjeron mediante un método de línea de montaje, lo que habría permitido una producción rápida y eficiente. Este enfoque, combinado con la gran fuerza laboral, pudo haber permitido completar el Ejército de Terracota en un período de tiempo relativamente corto. Sin embargo, el cronograma preciso y los desafíos logísticos que implica tal empresa continúan intrigando a los investigadores.

Teorías y especulaciones

Conexión con la búsqueda de la inmortalidad de Qin Shi Huang

La búsqueda de la inmortalidad de Qin Shi Huang es un tema central en muchas teorías sobre el Ejército de Terracota. La obsesión del emperador por la vida eterna lo llevó a buscar elixires y consultar a alquimistas y magos, con la esperanza de encontrar una manera de escapar de la muerte. El mausoleo, con su elaborado diseño y la inclusión del Ejército de Terracota, puede verse como una manifestación física de esta búsqueda.

Algunos estudiosos proponen que el Ejército de Terracota no sólo tenía como objetivo proteger al emperador en el más allá sino también servir como una forma de seguro espiritual. Al crear un ejército detallado y realista, Qin Shi Huang pudo haber creído que podía ejercer control sobre el reino espiritual, asegurando su dominio y salvaguardando su viaje hacia la inmortalidad.

Esta teoría está respaldada por la presencia de otros elementos dentro del complejo del mausoleo, como ríos de mercurio, que en los antiguos textos chinos se describe que tienen propiedades para prolongar la vida. El uso de mercurio, junto con los extensos preparativos para la otra vida, subraya la determinación del emperador de lograr la vida eterna y su creencia en la interconexión de los mundos físico y espiritual.

Posibles cámaras y contenidos no descubiertos

El descubrimiento del Ejército de Terracota ha llevado a especulaciones sobre otras posibles cámaras y contenidos no descubiertos dentro del complejo del mausoleo. Si bien el Ejército de Terracota representa una parte importante del lugar de enterramiento, sólo se ha excavado una fracción de todo el complejo. El túmulo central de la tumba, que se cree que contiene la cámara funeraria real de Qin Shi Huang, permanece excavado debido a preocupaciones sobre su preservación y posibles peligros.

Según textos antiguos, se dice que la cámara central de la tumba contiene un vasto palacio subterráneo, con réplicas de palacios, torres escénicas y funcionarios. También se rumorea que la cámara alberga un mapa del imperio, con ríos y mares representados por el flujo de mercurio. Esta descripción, si es precisa, sugiere que puede haber tesoros y artefactos aún mayores esperando ser descubiertos.

El potencial de cámaras por descubrir se extiende más allá de la tumba central. Los arqueólogos continúan explorando las áreas circundantes, descubriendo nuevos pozos y figuras que contribuyen a nuestra comprensión del sitio. Estos descubrimientos en curso plantean la tentadora posibilidad de que más cámaras y tesoros ocultos se encuentren debajo de la superficie, esperando revelar sus secretos.

Teorías de los tesoros escondidos

Además de las cámaras no descubiertas, existen teorías de que el complejo del mausoleo contiene tesoros escondidos y artefactos de inmenso valor. Algunos especulan que las posesiones personales del emperador, incluidas joyas de valor incalculable, bronces intrincados y otros artículos de lujo, fueron enterradas con él para acompañarlo al más allá.

La presencia de mercurio, detectada en niveles elevados alrededor del túmulo de la tumba, da credibilidad a estas teorías. El mercurio era muy valorado en la antigua China por sus supuestas propiedades para prolongar la vida, y su uso en la tumba puede indicar la presencia de objetos importantes y valiosos. Sin embargo, la toxicidad potencial del mercurio también ha planteado desafíos para una mayor exploración.

A medida que los arqueólogos emplean tecnologías avanzadas, como radares de penetración terrestre y sensores remotos, para explorar el sitio de forma no invasiva, continúan descubriendo nuevas pistas y perfeccionando nuestra comprensión del diseño y el contenido del mausoleo. Estos avances tecnológicos ofrecen la promesa de descubrir tesoros escondidos preservando al mismo tiempo la integridad del sitio.

El ejército de terracota y el complejo del mausoleo de Qin Shi Huang siguen siendo una fuente de fascinación y misterio duraderos. Las preguntas y teorías sin respuesta que rodean este notable hallazgo arqueológico resaltan las complejidades de la historia antigua china y la naturaleza enigmática de su primer emperador.

Capítulo 6: El complejo del mausoleo

Diseño y arquitectura

El complejo del mausoleo de Qin Shi Huang, el primer emperador de China, es uno de los sitios arqueológicos más impresionantes y extensos del mundo. Con una superficie aproximada de 56 kilómetros cuadrados, el complejo refleja la grandeza y la ambición de la visión del emperador para su vida futura.

Descripción de todo el sitio del mausoleo

El complejo del mausoleo se centra alrededor de un gran montículo de tierra que se cree que alberga la cámara funeraria del emperador. Este montículo tiene aproximadamente 76 metros de alto y 350 metros de ancho, dominando el paisaje. Según textos antiguos, la cámara funeraria debajo del montículo es un elaborado palacio subterráneo, diseñado para imitar el palacio terrenal del emperador, con réplicas de palacios, torres panorámicas y el mapa de su imperio.

Alrededor del túmulo de la tumba central hay numerosos fosos, cada uno de los cuales contiene diferentes elementos del complejo. Los más famosos son los fosos que albergan al ejército de terracota, ubicados al este del túmulo de la tumba. El pozo 1, el más grande, contiene el cuerpo principal del ejército, con filas de soldados de infantería. El foso 2 alberga una mezcla de caballería, infantería, arqueros y carros, mientras que el foso 3 parece ser el centro de mando con oficiales de alto rango.

Más allá de las fosas del Ejército de Terracota, el complejo del mausoleo incluye otras tumbas y estructuras. Estos fosos adicionales contienen diversos artefactos y figuras, incluidos carros y caballos de bronce, animales raros e incluso acróbatas y músicos, lo que sugiere una representación vibrante y multifacética de la corte del emperador.

Otras tumbas y estructuras dentro del complejo

El complejo del mausoleo no se limita al Ejército de Terracota. Las excavaciones arqueológicas han revelado una multitud de otras tumbas y estructuras, cada una de las cuales aumenta la complejidad y riqueza del sitio. Algunos descubrimientos notables incluyen:

1. **Carros y caballos de bronce:** En 1980, los arqueólogos descubrieron dos grandes carros de bronce, cada uno tirado por cuatro caballos de bronce, cerca del túmulo central de la tumba. Estos carros están muy detallados y elaborados de forma intrincada, lo que proporciona información sobre los logros tecnológicos y artísticos de la dinastía Qin.

2. **Acróbatas y músicos:** Además de las figuras militares, se han descubierto fosos que contienen figuras de acróbatas, bailarines y músicos. Estas figuras, representadas en poses dinámicas, sugieren que el emperador buscaba

replicar las actividades culturales y de entretenimiento de su corte en el más allá.

3. **Animales raros:** Algunos pozos contienen figuras de animales raros y exóticos, incluidas aves y criaturas míticas. Es posible que estos animales se hayan incluido para simbolizar el control del emperador sobre la naturaleza y los diversos reinos de su imperio.

4. **Cámaras no descubiertas:** Las excavaciones en curso continúan revelando nuevos pozos y cámaras, lo que indica que gran parte del complejo del mausoleo permanece inexplorado. Estas áreas no descubiertas prometen ofrecer más información sobre la vida y la época de Qin Shi Huang.

El diseño arquitectónico del complejo del mausoleo refleja una combinación de practicidad y simbolismo. La ubicación del Ejército de Terracota hacia el este, la dirección asociada con el renacimiento y la renovación en la cultura china, resalta el deseo del emperador de protección y continuidad en el más allá. La inclusión de diversas figuras y artefactos subraya la ambición del emperador de recrear su imperio en miniatura, asegurando que su gobierno se extendiera más allá de la muerte.

Medidas de protección y seguridad

Dado el inmenso valor y la importancia del complejo del mausoleo, tanto en la antigüedad como en la actualidad, se han tomado amplias medidas para proteger el sitio de los saqueadores y garantizar su preservación para las generaciones futuras.

Medidas tomadas para proteger la tumba de los saqueadores

En la antigüedad, proteger el mausoleo de los saqueadores era una preocupación primordial. Los registros históricos sugieren que Qin Shi Huang implementó varias medidas de seguridad para salvaguardar su lugar de descanso final:

1. **Trampas y Alarmas:** Los textos antiguos describen la instalación de varias trampas y alarmas dentro de la tumba para disuadir y dañar a posibles saqueadores. Estos incluían ballestas preparadas para disparar automáticamente y alarmas que sonarían al entrar no autorizados.

2. **Secreto y Sacrificio:** La construcción del mausoleo estuvo rodeada de secreto. Los trabajadores involucrados en la construcción a menudo eran mantenidos aislados para evitar que divulgaran detalles del sitio. También hay relatos de trabajadores que fueron enterrados vivos para garantizar el secreto de la ubicación y el diseño de la tumba, aunque estas afirmaciones todavía son objeto de debate entre los historiadores.

3. **Puestos de guardia:** Es probable que el mausoleo estuviera custodiado por soldados, tanto durante como después de su construcción, para protegerlo de los ladrones de tumbas. El propio Ejército de Terracota puede verse como una extensión

de esta fuerza protectora, destinada a proteger al emperador en el más allá.

Esfuerzos de conservación modernos

Hoy en día, la protección y preservación del complejo del mausoleo está a cargo de arqueólogos, conservadores y agencias gubernamentales. Se han implementado varias medidas clave para garantizar la conservación del sitio:

1. **Excavaciones Controladas:** Las excavaciones arqueológicas se llevan a cabo cuidadosa y sistemáticamente para minimizar los daños al sitio. Se utilizan tecnologías avanzadas, como radares de penetración terrestre y sensores remotos, para mapear el complejo y planificar excavaciones sin alterar las estructuras.

2. **Control Ambiental:** La preservación de los guerreros de terracota y otros artefactos depende en gran medida de las condiciones ambientales. Los esfuerzos de conservación incluyen controlar la

humedad, la temperatura y la exposición a la luz para evitar el deterioro. Se utilizan recintos especiales e instalaciones con clima controlado para proteger artículos delicados.

3. **Restauración y Estabilización:** Los conservadores trabajan para estabilizar y restaurar a los Guerreros de Terracota y otros artefactos. Esto implica limpiar, reparar y, a veces, volver a ensamblar piezas rotas. También se hacen esfuerzos para preservar los restos de pintura original que quedan en las figuras.

4. **Investigación y Documentación:** La investigación y la documentación continuas son esenciales para la preservación del sitio. Se mantienen registros detallados de excavaciones, métodos de conservación y hallazgos para guiar los esfuerzos futuros y mejorar nuestra comprensión del complejo del mausoleo.

5. **Educación Pública y Acceso:** El sitio está abierto al público, con medidas

implementadas para proteger los artefactos y al mismo tiempo permitir a los visitantes apreciar su importancia histórica y cultural. Los programas educativos y las exposiciones ayudan a crear conciencia sobre la importancia de preservar este patrimonio.

El complejo del mausoleo de Qin Shi Huang es un testimonio de la grandeza y ambición del primer emperador de China. Su diseño y arquitectura reflejan una sofisticada combinación de practicidad y simbolismo, diseñada para garantizar la protección y continuidad del emperador en el más allá.

Capítulo 7: Innovaciones tecnológicas

Maravillas de la ingeniería

El ejército de terracota y el complejo de mausoleos más grande son testimonio del ingenio de la antigua China. La escala, la precisión y la complejidad del sitio requieren enfoques innovadores para la construcción y la logística.

Innovaciones en Construcción y Logística

La construcción del Ejército de Terracota implicó una planificación y coordinación meticulosas. Los artesanos y trabajadores que trabajaron en el proyecto desarrollaron varias técnicas innovadoras para gestionar la gran escala y los intrincados detalles de las figuras.

1. **Producción modular:** Las figuras del Ejército de Terracota se produjeron mediante un enfoque modular. Las diferentes partes de las figuras, como

cabezas, torsos y extremidades, se elaboraron por separado y luego se ensamblaron. Este método permitió una producción eficiente y facilitó la creación de miles de figuras únicas en un tiempo relativamente corto.

2. **Tecnología del horno:** Las figuras de arcilla se cocían en grandes hornos, algunos de los cuales podían albergar varias figuras simultáneamente. El desarrollo y uso de estos grandes hornos fueron fundamentales para la producción exitosa de los Guerreros de Terracota, asegurando uniformidad y durabilidad.

3. **Técnicas de producción en masa:** El uso de moldes estandarizados para diferentes partes de las figuras, combinado con acabados a mano para agregar detalles únicos, ejemplifica las primeras técnicas de producción en masa. Este enfoque no sólo aceleró el proceso de producción sino que también mantuvo un alto nivel de artesanía.

4. **Logística y Gestión Laboral:** Coordinar los esfuerzos de cientos de miles de trabajadores durante varias décadas requirió una planificación logística sofisticada. La fuerza laboral incluía no sólo artesanos y trabajadores, sino también ingenieros, supervisores y gerentes de la cadena de suministro que garantizaban el suministro oportuno de materiales y la supervisión de las actividades de construcción.

Uso de metalurgia y armamento avanzado.

El Ejército de Terracota no es sólo una maravilla de la ingeniería, sino también un escaparate de armas y técnicas metalúrgicas avanzadas. Las armas encontradas con los guerreros de terracota, incluidas espadas, lanzas y flechas de ballesta, demuestran el alto nivel de experiencia tecnológica alcanzado durante la dinastía Qin.

1. **Fundición de bronce:** Las armas del Ejército de Terracota estaban hechas principalmente de bronce, una aleación de

cobre y estaño. Las técnicas de fundición utilizadas para producir estas armas eran muy avanzadas, lo que dio como resultado herramientas de guerra resistentes y duraderas. Las armas de bronce se fundieron en moldes y luego se terminaron con finos detalles y afilados.

2. **Cromado:** Uno de los logros tecnológicos más notables es el uso de cromado en algunas de las armas de bronce. Esta técnica, que consiste en aplicar una fina capa de cromo a la superficie, mejoró significativamente la resistencia a la corrosión de las armas. Esta innovación aseguró que muchas de las armas siguieran afiladas y bien conservadas hasta el día de hoy.

3. **Estandarización y Control de Calidad:** Las armas se produjeron con un alto grado de estandarización, asegurando uniformidad e intercambiabilidad. Esta estandarización se extendió a las medidas de control de calidad, con armas inspeccionadas y probadas para cumplir

con estándares estrictos. La presencia de inscripciones en algunas armas, indicando el taller y el inspector de calidad, atestigua este riguroso proceso de control de calidad.

Técnicas arqueológicas modernas

El descubrimiento y el estudio en curso del Ejército de Terracota se han visto enormemente mejorados por las técnicas arqueológicas modernas. Los avances en excavación, preservación y tecnología han permitido a los investigadores descubrir y proteger los tesoros del sitio y, al mismo tiempo, obtener conocimientos más profundos sobre su construcción y significado.

Avances en métodos de excavación y preservación

La excavación y preservación del Ejército de Terracota presenta desafíos únicos, dada la escala del sitio y la delicada naturaleza de los artefactos. Las técnicas modernas han sido fundamentales para abordar estos desafíos y garantizar la preservación del sitio a largo plazo.

1. **Excavación Controlada:** Los arqueólogos utilizan técnicas de excavación controlada para descubrir sistemáticamente figuras y artefactos. Este enfoque minimiza los daños y garantiza que el contexto de cada hallazgo se registre cuidadosamente. Durante todo el proceso de excavación se mantiene documentación detallada, incluidas fotografías, dibujos y notas.

2. **Control climático:** La preservación de los guerreros de terracota y otros artefactos depende en gran medida de las condiciones ambientales. Se han construido instalaciones especializadas con clima controlado para albergar y exhibir las figuras, protegiéndola humedad, las fluctuaciones de temperatura y la exposición a la luz que podrían causar deterioro.

3. **Estabilización química:** Para evitar una mayor degradación, especialmente de la pintura restante de las figuras, los conservadores utilizan técnicas de estabilización química. Estos métodos incluyen la aplicación de consolidantes y selladores que estabilizan la superficie y protegen los pigmentos originales.

4. **Técnicas de Restauración:** Los esfuerzos de restauración implican limpiar, reparar y, en algunos casos, volver a ensamblar cuidadosamente las piezas rotas de las figuras. Los conservadores utilizan herramientas y técnicas avanzadas para restaurar las figuras a su apariencia original y al mismo tiempo preservar su integridad histórica.

Uso de la tecnología para descubrir secretos del sitio

La aplicación de tecnología moderna ha revolucionado el estudio del Ejército de Terracota, permitiendo a los arqueólogos descubrir secretos que antes estaban ocultos.

1. **Radar de penetración terrestre (GPR):**
   Se utiliza GPR para inspeccionar el sitio
   de forma no invasiva, revelando la
   ubicación de estructuras subterráneas y
   anomalías. Esta tecnología ayuda a los
   arqueólogos a planificar excavaciones e
   identificar áreas de interés sin alterar la
   superficie.
2. **Escaneo y modelado 3D:** Se utiliza
   tecnología de escaneo 3D de alta
   resolución para crear modelos digitales
   detallados de las figuras y el sitio. Estos
   modelos facilitan el estudio y la
   preservación de los artefactos,
   permitiendo a los investigadores analizar
   las figuras en detalle y realizar
   reconstrucciones virtuales.
3. **Teledetección:** Las técnicas de
   teledetección, incluidas la fotografía aérea
   y las imágenes de satélite, proporcionan
   una visión completa del complejo del
   mausoleo. Estos métodos ayudan a
   identificar estructuras previamente

desconocidas y a comprender el diseño más amplio del sitio.

4. **Análisis Geoquímico:** Se utilizan técnicas geoquímicas avanzadas para analizar la composición de la arcilla, los pigmentos y otros materiales. Este análisis proporciona información sobre el origen de los materiales, los procesos de fabricación y las condiciones de conservación de las figuras.

5. **Análisis de ADN e isótopos:** Los recientes avances en el análisis de ADN y de isótopos han permitido a los investigadores estudiar los restos de animales y humanos encontrados en el sitio. Estas técnicas proporcionan información sobre la dieta, la salud y los orígenes de los individuos asociados con el Ejército de Terracota, arrojando luz sobre el contexto social y cultural de la dinastía Qin.

Las innovaciones tecnológicas asociadas con el Ejército de Terracota abarcan tanto la época antigua como la moderna. Las maravillas de la ingeniería de la dinastía Qin, incluidas las técnicas avanzadas de construcción y la metalurgia, demuestran la sofisticación y la ambición del reinado de Qin Shi Huang. Los métodos arqueológicos modernos, que aprovechan la tecnología de vanguardia, continúan desvelando los secretos del Ejército de Terracota, profundizando nuestra comprensión de este tesoro arqueológico incomparable.

Capítulo 8: El legado del ejército de terracota

Impacto cultural

El Ejército de Terracota ocupa un lugar especial en la historia y la cultura chinas. Su descubrimiento no sólo arroja luz sobre la grandeza de la dinastía Qin sino que también reafirmó el rico patrimonio cultural de China.

Influencia en la historia y la cultura chinas

El descubrimiento del Ejército de Terracota proporcionó información invaluable sobre la vida y la época de Qin Shi Huang, el primer emperador de China. Subrayó su papel en la unificación de China y el establecimiento de las bases para el desarrollo futuro de la nación. Los guerreros de terracota, con su meticulosa artesanía y grandeza, resaltaron el avanzado estado del arte, la tecnología y la organización durante la dinastía Qin.

1. **Reevaluación de Qin Shi Huang:** Antes del descubrimiento, Qin Shi Huang era visto a menudo como un tirano cuyos duros métodos eclipsaban sus logros. El Ejército de Terracota ha contribuido a una visión más equilibrada, reconociendo sus contribuciones al Estado chino, como la estandarización de pesos y medidas, la creación de una moneda unificada y la construcción de una extensa red de carreteras.

2. **Legado Artístico y Tecnológico:** La artesanía de los guerreros de terracota ha inspirado a artistas y eruditos modernos. El nivel de detalle y la individualidad de cada figura reflejan una comprensión sofisticada del arte y la anatomía humana. Este legado continúa influyendo en el arte y las expresiones culturales chinas contemporáneas.

3. **Turismo y Educación:** El Ejército de Terracota se ha convertido en una importante atracción turística y atrae a millones de visitantes a Xi'an. Esto no

sólo ha impulsado las economías locales y nacionales, sino que también ha facilitado una mayor comprensión y apreciación de la historia china tanto entre los ciudadanos chinos como entre los turistas internacionales. Los programas educativos y las exposiciones relacionados con el Ejército de Terracota se han convertido en parte integral del plan de estudios cultural en China.

Papel en la identidad china moderna

El Ejército de Terracota es más que una maravilla arqueológica; es un símbolo del orgullo y la identidad chinos. Su descubrimiento en 1974 se produjo en un momento en que China salía de un período de agitación política y social y ofrecía un símbolo unificador del patrimonio nacional.

1. **Orgullo nacional:** El Ejército de Terracota se celebra como uno de los mayores logros de la antigua China. Representa el ingenio, el arte y las

habilidades organizativas del pueblo chino. Su prominencia en las celebraciones nacionales y las narrativas culturales subraya su papel en el fomento de un sentido de orgullo y continuidad.

2. **Diplomacia cultural:** El Ejército de Terracota se ha utilizado como herramienta de diplomacia cultural. Las exhibiciones de los guerreros han viajado a varios países, mostrando la antigua herencia de China y fomentando la buena voluntad internacional. Estas exposiciones han ayudado a mejorar la influencia cultural de China a nivel mundial.

3. **Identidad y Continuidad:** El legado del Ejército de Terracota refuerza la noción de una civilización china continua y duradera. Sirve como recordatorio de los logros históricos de China y sus tradiciones culturales perdurables, contribuyendo a un sentido colectivo de identidad entre el pueblo chino.

Importancia global

La importancia del Ejército de Terracota se extiende mucho más allá de las fronteras de China. Su descubrimiento ha cautivado la imaginación mundial y ha sido comparado con otros hallazgos arqueológicos monumentales.

Exposición e interés internacional

El Ejército de Terracota ha sido el foco de numerosas exposiciones internacionales, que han atraído a millones de visitantes en todo el mundo. Estas exposiciones han desempeñado un papel crucial en la promoción de la conciencia y la apreciación global de la historia y la cultura chinas.

1. **Exposiciones Internacionales:** Los guerreros se han exhibido en los principales museos de todo el mundo, incluido el Museo Británico de Londres, la Galería Nacional de Arte de Washington D.C. y el Louvre de París. Estas exposiciones a menudo se han

agotado, lo que refleja un inmenso interés y fascinación del público.

2. **Intercambio Cultural:** Estas exposiciones internacionales han facilitado el intercambio cultural y el entendimiento mutuo. Han brindado una oportunidad para que personas de todo el mundo interactúen con la historia china y aprecien la complejidad y riqueza de su antigua cultura.

3. **Colaboración académica:** El interés global en el Ejército de Terracota ha estimulado la colaboración académica internacional. Investigadores de varios países han trabajado juntos para estudiar y preservar el sitio, compartiendo conocimientos y técnicas que benefician al campo más amplio de la arqueología.

Análisis comparativo con otras maravillas antiguas

El Ejército de Terracota a menudo se compara con otras maravillas antiguas, lo que resalta su lugar único en el patrimonio cultural mundial.

1. **Las Pirámides de Giza:** Al igual que el Ejército de Terracota, las Pirámides de Giza en Egipto son estructuras monumentales construidas para honrar y proteger a los muertos. Ambos reflejan el inmenso poder y recursos de sus respectivas civilizaciones y sus creencias en el más allá. Sin embargo, mientras que las pirámides se construyeron como tumbas, el ejército de terracota sirve como un elaborado arte funerario destinado a acompañar al emperador al más allá.

2. **El Coliseo Romano:** El Coliseo Romano y el Ejército de Terracota ilustran las proezas de ingeniería de sus civilizaciones. El Coliseo, con su enorme estructura de anfiteatro, y el Ejército de Terracota, con sus miles de figuras de tamaño natural, demuestran las técnicas de construcción avanzadas y las capacidades organizativas de sus respectivas culturas.

3. **La Acrópolis de Atenas:** La Acrópolis de Atenas y el Ejército de Terracota son símbolos de sus épocas culturales e

históricas. La Acrópolis, con sus templos y monumentos, representa el pináculo del arte y la arquitectura de la antigua Grecia. De manera similar, el Ejército de Terracota encarna los logros artísticos y tecnológicos de la antigua China.

4. **Machu Picchu:** Machu Picchu, la antigua ciudad inca de Perú, comparte con el Ejército de Terracota una sensación de misterio y asombro. Ambos sitios están ubicados en áreas remotas y reflejan las habilidades arquitectónicas y de ingeniería de sus constructores. Si bien Machu Picchu era una ciudad viva, el Ejército de Terracota es una representación de una corte del más allá, y cada uno ofrece información única sobre sus respectivas culturas.

El legado del Ejército de Terracota es multifacético y duradero. Su impacto cultural en China es profundo e influye tanto en la comprensión histórica como en la identidad moderna. En el escenario global, el Ejército de

Terracota ha cautivado al público, fomentado el intercambio cultural y estimulado la erudición internacional. Su comparación con otras maravillas antiguas subraya su lugar único en el panteón de los logros humanos, consolidando su estatus como uno de los descubrimientos arqueológicos más importantes de todos los tiempos.

Capítulo 9: El futuro de la investigación

Excavaciones en curso

La excavación del Ejército de Terracota está lejos de estar completa. A pesar de décadas de intensos estudios, gran parte del complejo del mausoleo permanece inexplorado. Se están realizando esfuerzos continuos para descubrir nuevas áreas, analizar los hallazgos existentes y preservar los delicados artefactos para las generaciones futuras.

Estado actual de la investigación y los descubrimientos

Desde el descubrimiento inicial en 1974, las excavaciones en curso han producido hallazgos importantes y han profundizado nuestra comprensión del Ejército de Terracota y el complejo del mausoleo en general.

1. **Nuevos pozos y figuras:** Excavaciones recientes han descubierto fosos

adicionales que contienen no sólo más soldados sino también otros tipos de figuras, como acróbatas, músicos y animales raros. Estos descubrimientos proporcionan una visión más completa de la visión del emperador para su corte en el más allá y ofrecen información sobre los aspectos culturales y sociales de la dinastía Qin.

2. **Artefactos e inscripciones:** Más allá de las figuras mismas, se ha encontrado una gran cantidad de artefactos, incluidas armas, herramientas y artículos personales. Las inscripciones en algunos de estos artículos brindan información valiosa sobre los artesanos que los fabricaron, los talleres donde se produjeron y la estructura organizativa de la fuerza laboral.

3. **Prácticas y rituales funerarios:** Las investigaciones en curso sobre las prácticas y rituales funerarios de la época han revelado ceremonias y ofrendas complejas diseñadas para garantizar el

viaje del emperador al más allá. Estas prácticas resaltan las creencias espirituales y religiosas de la dinastía Qin y su énfasis en la otra vida.

Perspectivas futuras para nuevos hallazgos

El futuro de la investigación sobre el Ejército de Terracota es brillante, con muchas áreas aún por explorar y muchas preguntas por responder.

1. **Cámaras inexploradas:** Grandes porciones del complejo del mausoleo permanecen sin excavar, incluido el túmulo central de la tumba que se cree alberga la cámara funeraria de Qin Shi Huang. Se espera que los avances en tecnologías no invasivas, como los radares de penetración terrestre, desempeñen un papel crucial en la identificación y el acceso a estas áreas inexploradas sin dañar el sitio.

2. **Preservación de Materiales Orgánicos:** La preservación de materiales orgánicos, como textiles, madera y pigmentos, es un desafío importante. Se están desarrollando nuevas técnicas y materiales de conservación para estabilizar y proteger estos frágiles artefactos, asegurando que puedan ser estudiados y apreciados por las generaciones futuras.

3. **Investigación interdisciplinaria:** Se espera que la colaboración entre arqueólogos, historiadores, químicos y otros científicos arroje nuevos conocimientos sobre la construcción, el uso y la importancia del Ejército de Terracota. La investigación interdisciplinaria ayudará a abordar preguntas complejas sobre la historia del sitio, las personas que lo construyeron y la sociedad en la que vivieron.

Desarrollos Tecnológicos

El futuro de la arqueología está siendo moldeado por los rápidos avances de la tecnología. Estas innovaciones están transformando la forma en que los investigadores estudian sitios y artefactos antiguos, proporcionando nuevas herramientas para descubrir y comprender el pasado.

Tecnologías futuras en arqueología

Varias tecnologías emergentes son muy prometedoras para el estudio futuro del Ejército de Terracota y otros sitios arqueológicos.

1. **Teledetección e imágenes:** Técnicas como LIDAR (Light Detección y Rango) y las imágenes satelitales permiten a los arqueólogos estudiar grandes áreas de forma rápida y precisa. Estos métodos pueden revelar estructuras y características ocultas, guiando futuras excavaciones y esfuerzos de investigación.
2. **Escaneo e impresión 3D:** La tecnología de escaneo 3D de alta resolución permite la creación de modelos digitales detallados de artefactos y estructuras.

Estos modelos se pueden utilizar para análisis, reconstrucción virtual y exposiciones públicas. La tecnología de impresión 3D también permite la creación de réplicas precisas de artefactos frágiles, lo que facilita el estudio y la exhibición sin riesgo de dañar los originales.

3. **Análisis de ADN e isótopos:** Los avances en la secuenciación del ADN y el análisis de isótopos están abriendo nuevas vías para comprender a las personas y animales asociados con el Ejército de Terracota. Estas técnicas pueden proporcionar información sobre la dieta, la salud, los orígenes y las relaciones, ofreciendo una visión más matizada de la vida en la dinastía Qin.

4. **Inteligencia artificial y aprendizaje automático:** La IA y el aprendizaje automático se utilizan cada vez más para analizar grandes conjuntos de datos, identificar patrones y hacer predicciones. En arqueología, estas tecnologías pueden ayudar a clasificar e interpretar

información compleja, como la distribución de artefactos, la organización del trabajo y las conexiones entre diferentes partes del sitio.

Potencial para nuevas revelaciones

La aplicación de estas tecnologías avanzadas tiene el potencial de lograr descubrimientos innovadores y nuevas revelaciones sobre el Ejército de Terracota.

1. **Reconstruyendo la apariencia original:** Una de las perspectivas más intrigantes es la reconstrucción de la apariencia original de los Guerreros de Terracota. Las técnicas avanzadas de análisis e imágenes están ayudando a los investigadores a identificar y restaurar rastros de la pintura y las decoraciones originales, proporcionando una visión vívida del aspecto de estas figuras cuando se crearon por primera vez.

2. **Comprender el proceso de construcción:** El análisis detallado de los

métodos y materiales de construcción utilizados para crear el Ejército de Terracota arroja luz sobre la logística, la organización y la mano de obra involucradas en el proyecto. Esta investigación está revelando la escala y la sofisticación de la operación, así como las habilidades y técnicas de los artesanos.

3. **Explorando la Tumba Central:** El túmulo central de la tumba, que se cree que contiene la cámara funeraria de Qin Shi Huang, sigue siendo uno de los mayores misterios del sitio. Se espera que las tecnologías no invasivas y una planificación cuidadosa permitan eventualmente a los investigadores explorar esta área, revelando potencialmente el lugar de descanso final del emperador y una gran cantidad de artefactos e información.

4. **Información sobre la sociedad de la dinastía Qin:** La investigación y el análisis continuos del Ejército de Terracota y los artefactos asociados están

proporcionando conocimientos más profundos sobre los aspectos sociales, políticos y culturales de la dinastía Qin. Esto incluye la organización del Estado, el papel de los militares, la vida cotidiana de la gente y sus creencias sobre la otra vida.

El futuro de la investigación sobre el Ejército de Terracota está lleno de promesas y potencial. Se espera que las excavaciones en curso y la aplicación de tecnologías avanzadas produzcan nuevos descubrimientos y conocimientos que mejoren nuestra comprensión de este extraordinario sitio.

Conclusión

El Ejército de Terracota, un descubrimiento arqueológico incomparable, ha cautivado al mundo por su importancia histórica, cultural y tecnológica. Este libro ha profundizado en los secretos y misterios de los antiguos guerreros de China, explorando los intrincados detalles de su construcción, el contexto histórico de su creación y la investigación en curso que continúa revelando sus secretos. Al concluir, resumimos los puntos clave y reflexionemos sobre la importancia y la fascinación duradera del Ejército de Terracota.

Resumen de puntos clave

1. **Contexto histórico y creación:**
   - El Ejército de Terracota fue creado durante el reinado de Qin Shi Huang, el primer emperador de China, como parte de su vasto complejo de mausoleo. Este proyecto fue un testimonio de su ambición, reflejando sus esfuerzos

por unificar China y su deseo de inmortalidad.

- La dinastía Qin, aunque de corta duración, jugó un papel fundamental en la configuración de la historia china. La unificación de China, la estandarización de las medidas y la construcción de una amplia infraestructura fueron logros importantes.

2. **Descubrimiento y Excavación:**
   - El Ejército de Terracota fue descubierto en 1974 por agricultores locales cerca de Xi'an, lo que dio lugar a uno de los hallazgos arqueológicos más importantes del siglo XX.
   - Excavaciones posteriores han revelado miles de figuras de tamaño natural, incluidos soldados, caballos y carros, así como numerosos artefactos que brindan información sobre la artesanía y la organización de la época.

3. **Maravillas artísticas y tecnológicas:**

   - Las figuras del Ejército de Terracota se destacan por su detallada artesanía, y cada figura muestra rasgos y expresiones faciales, vestimenta y peinados únicos.

   - El uso de técnicas metalúrgicas avanzadas, como la fundición de bronce y el cromado, resalta la destreza tecnológica de la dinastía Qin.

4. **Impacto cultural y global:**

   - El Ejército de Terracota ha tenido un profundo impacto en la cultura china, contribuyendo al orgullo y la identidad nacional. Se celebra como un símbolo del rico patrimonio cultural y los logros históricos de China.

   - Las exposiciones internacionales y las colaboraciones académicas han aumentado la conciencia y el aprecio global del Ejército de Terracota, fomentando el intercambio cultural y el entendimiento mutuo.

5. **Investigación en curso y perspectivas futuras:**

    o Las continuas excavaciones y los avances en la tecnología arqueológica prometen revelar nuevos hallazgos y conocimientos. Técnicas como el radar de penetración terrestre, el escaneo 3D y el análisis de ADN están revolucionando nuestra comprensión del sitio.

    o El futuro de la investigación sobre el Ejército de Terracota es brillante, con muchas áreas aún sin explorar y numerosas preguntas por responder.

Pensamientos finales

El Ejército de Terracota es un testimonio monumental del ingenio, el arte y las habilidades organizativas de la antigua China. Su descubrimiento ha proporcionado una gran cantidad de información sobre la dinastía Qin, arrojando luz sobre los aspectos políticos, sociales y culturales de la época. La gran escala y complejidad del complejo del mausoleo, combinadas con la meticulosa artesanía de las figuras, continúan inspirando asombro y admiración.

La importancia del Ejército de Terracota se extiende más allá de su importancia histórica y cultural. Sirve como un poderoso recordatorio del deseo humano de crear legados duraderos y de hasta dónde llegarán las sociedades para honrar a sus líderes y asegurar su lugar en la historia. El Ejército de Terracota encarna el espíritu de innovación y la búsqueda de la inmortalidad que ha impulsado a las civilizaciones humanas durante milenios.

El perdurable misterio y la fascinación por el Ejército de Terracota radican en su capacidad para conectarnos con el pasado mientras nos invita a explorar lo desconocido. Cada nuevo descubrimiento añade otra capa a nuestra comprensión, mientras que las vastas áreas inexploradas del complejo del mausoleo nos atormentan con la promesa de más revelaciones. A medida que la tecnología avance y la investigación continúe, el Ejército de Terracota sin duda seguirá desvelando sus secretos, ofreciendo nuevos conocimientos y profundizando nuestra apreciación de este extraordinario tesoro arqueológico.

El Ejército de Terracota no es sólo un logro notable de la antigua China, sino también un símbolo atemporal de la creatividad humana, la resiliencia y la búsqueda de un legado. Cierra la brecha entre el pasado y el presente, recordándonos el poder perdurable de la historia para moldear nuestra identidad e inspirar nuestro futuro.